LA
CIVILITÉ PRIMAIRE.

Cet Ouvrage se trouve également :

Au Dépôt, chez Madame Bousquet, rue Montmartre, 35.

A la Librairie d'Éducation de Fruger et Brunet, rue Mazarine, 3o.

PARIS. — IMPRIMERIE DE COSSON,
rue St.-Germain-des-Prés, n° 9.

LA

CIVILITÉ PRIMAIRE

OU

PETIT MANUEL MÉTHODIQUE

DE LA VÉRITABLE POLITESSE;

EXTRAIT

DU NOUVEAU TRAITÉ DE CIVILITÉ,

APPROUVÉ ET RECOMMANDÉ

Par la Société des Méthodes d'enseignement et par la Société
pour l'Instruction élémentaire ;)

LIVRE DE LECTURE

A L'USAGE DES PETITES ÉCOLES DES DEUX SEXES,

PAR J. B. J. DE CHANTAL.

Prix : 55 centimes, cartonné.

PARIS,

CHEZ L'AUTEUR, RUE DE LA CERISAIE, 5.
Quartier de l'Arsenal.

ET CHEZ MANSUT, LIBRAIRE DE LA SOCIÉTÉ
POUR LA PROPAGATION DE L'ENSEIGNEMENT UNIVERSEL,
Rue des Mathurins-Saint-Jacques, 17.

1836.

AVANT-PROPOS.

—

En publiant sous le titre de *Civilité primaire* cet abrégé de mon Nouveau Traité de Civilité, dont la seconde édition vient de paraître, j'ai voulu simplifier mon travail, le mettre à la portée du plus grand nombre, enfin propager le plus possible les principes de l'éducation sociale, principes si salutaires pour maintenir l'ordre et l'union dans les familles, et par suite dans la société, qui n'est qu'une grande famille elle-même.

Ce petit livre est destiné aux enfans des écoles primaires; il convient également aux adultes qui ne sont point appelés à recevoir une éducation classique.

J'ai mis tous mes soins à le rédiger d'une manière précise et claire, comptant toutefois encore sur les lumières des instituteurs et institutrices pour aider, au besoin, par leurs explications, aux faibles intelligences de leurs élèves.

Si l'on désirait de plus grands développemens que je n'ai dû m'en permettre dans cet extrait, on pourrait les trouver dans le Nouveau Traité de Civilité.

Je n'ai pas présenté cet abrégé sous la forme de demandes et réponses, parce que j'ai eu pour objet d'en faire un livre propre à l'exercice de la lecture en même temps qu'à celui de la mémoire.

Les caractères variés que j'ai employés montrent assez mon intention particulière d'exercer l'œil de nos jeunes lecteurs.

Dans son rapport sur le Nouveau Traité de Civilité, rapport fait à la Société pour l'Instruction élémentaire, M. Lourmand, au nom du comité des livres, dont il était président, proposait *d'engager M. de Chantal à publier un abrégé de son Traité pour les petites écoles.* Qu'il me soit permis d'espérer que mon premier travail, simplifié comme il l'est ici, en satisfaisant au vœu honorable exprimé par M. le rapporteur, pourra répondre aussi aux vues pleines de sagesse qui m'ont été manifestées dans une lettre de M. le ministre de l'instruction publique !

●●●●●●●●●●●●●●●●●●●●●●●●●●●●●●●●●●

INTRODUCTION.

—

La Civilité est la pratique de tous les égards que nous devons à nos semblables.

Les hommes ont tous besoin les uns des autres ; c'est ce qui les oblige à vivre en société, c'est-à-dire réunis.

La société la plus heureuse est celle où l'on pratique le mieux la Civilité.

La Civilité resserre les

liens de la société par l'affection et l'estime qu'elle produit entre les hommes.

Elle produit la bonne in-
telligence en particulier,
l'ordre et la paix en général.

La CIVILITÉ prend sa
source dans les sentimens
d'un bon cœur.

Elle n'est autre chose que
cette charité toute fraternelle que l'Évangile nous recommande :

NE FAITES PAS A AUTRUI
CE QUE VOUS NE VOUDRIEZ
PAS QU'ON VOUS FÎT ; FAI-

TES-LUI CE QUE VOUS VOU-
DRIEZ QUI VOUS FUT FAIT A
VOUS-MÊME.

La CIVILITÉ s'occupe, en
outre, de polir les manières
des hommes.

On ne saurait apprendre
trop tôt à être civil.

Nous devons nous mon-
trer civils à l'égard de tout
le monde, même avec les
gens grossiers.

Oui, nous devons tâcher
de rendre polis les gens qui
ne le sont pas, en commen-
çant par être doux, polis à

leur égard. Notre douceur les attire, les touche, les gagne insensiblement, et leur donne le désir de nous imiter.

Quels grands avantages cela doit produire pour eux comme pour nous!

Plus nous nous conformerons aux préceptes de la CIVILITÉ, plus nous nous rendrons agréables à Dieu et à notre prochain ; à Dieu, parce qu'il nous recommande de nous aimer les uns les autres ; à notre prochain, parce que nous ne négligerons rien pour lui plaire.

C'est donc à nous surtout, jeunes enfans, à nous pénétrer de bonne heure des sages et utiles leçons de la Civilité, et à la faire fructifier dans nos cœurs par une constante culture.

Étudions donc d'abord les principes de la Civilité, c'est-à-dire nos devoirs envers nos *supérieurs*, nos *égaux* et nos *inférieurs*. Sans doute, les enfans ne peuvent avoir d'*inférieurs*; ils ne connaissent que des *supérieurs* et des *égaux*. Mais plus tard ils pourront avoir à commander ; il est bon alors qu'ils aient appris dès l'enfance à connaître les égards que l'on doit à tout *inférieur*.

Quand nous nous serons pénétrés de ces bons sentimens, il nous sera facile d'apprendre les bonnes manières d'agir.

—

CIVILITÉ PRIMAIRE.

PREMIÈRE PARTIE.

PRINCIPES DE LA CIVILITÉ.

CHAPITRE I.

DE NOS DEVOIRS ENVERS NOS SUPÉRIEURS.

Nos supérieurs sont nos pères et mères, ou les personnes qui nous en tiennent lieu, nos grands-pères et grand'mères, oncles et tantes; les ministres de la religion; les magistrats et autres personnes revêtues de quelque autorité civile ou particulière; nos instituteurs ou institutrices; enfin, les vieillards.

SECTION I.

De nos Devoirs envers nos pères et mères.

Nos devoirs envers nos pères et mères sont écrits très-clairement

dans le quatrième commandement
de Dieu :

Tes père et mère honoreras
Afin de vivre longuement.

La reconnaissance pour les soins
que nous recevons d'eux ou de ceux
qui les remplacent devrait nous indiquer assez nos devoirs à leur
égard.

Un enfant, quel que soit son âge,
ne doit jamais paraître devant ses
père et mère qu'avec un extérieur
plein de respect et d'affection. Il
faut qu'il écoute leurs ordres, leurs
avis, leurs moindres paroles, avec
une attention qui montre qu'il est
prêt à leur obéir.

Ces devoirs des enfans envers les
pères et mères étaient connus des
peuples les plus anciens. Partout ils
étaient observés religieusement.

Chez les Turcs, chez les Arabes,
peuples que l'on appelle barbares,
le chef d'une famille a toujours été

un personnage sacré pour ses enfans. Chez eux, un fils ne contredit
jamais son père; il ne paraît devant
lui qu'avec le plus profond respect,
et se tient constamment debout jusqu'à ce qu'il ait reçu l'ordre de s'asseoir.

Parmi les sauvages de l'Amérique, c'est un crime affreux que celui d'un enfant rebelle à sa mère.
Lorsqu'une jeune Indienne a mal
agi, sa mère se contente de lui jeter
des gouttes d'eau au visage et de lui
dire : *Tu me déshonores;* ce reproche ne manque jamais son effet,
et la fille coupable implore aussitôt
son pardon.

Un enfant, accoutumé de bonne
heure à respecter son père et sa mère
et à leur obéir avec docilité, sera
toujours plus porté au respect et à
la soumission à l'égard de ses autres
supérieurs.

Les enfans d'aujourd'hui, heureux parce qu'on aime, on estime les personnes respectueuses et dociles, devenus à leur tour pères de famille, seront heureux encore de se voir respectés, aimés, chéris de ceux qui leur devront la vie.

Obéis, si tu veux qu'on t'obéisse un jour.

Quel encouragement pour bien faire !

Voici les conseils d'un sage à l'égard de la piété filiale :

« Soyez respectueux et reconnaissant envers votre père. Écoutez les paroles qui sortent de sa bouche. Suivez ses conseils; ils sont dictés par l'amour le plus tendre. Votre père a veillé pour votre bonheur, pour vous assurer un sort; aimez-le, chérissez-le, allez au devant de tous ses besoins dans sa vieillesse, et qu'il ignore même ce que vous ferez pour lui.

» À l'égard de votre mère, qui

vous a porté dans son sein, qui a passé les nuits pour veiller à votre conservation, vous ne vous acquitterez jamais qu'en rendant à vos enfans des soins pareils à ceux que vous avez reçus. »

SECTION II.

De nos Devoirs envers nos proches parens, les ministres de la religion, les magistrats, nos maîtres, nos chefs, etc.

Nos proches parens, c'est-à-dire nos grands-pères et grand'mères, nos oncles et tantes, étant placés au dessus de nous par la parenté et par l'âge, nous leur devons nos respectueux hommages à double titre.

Nos tuteurs et tutrices qui représentent nos père et mère devant les hommes; nos parrains et marraines, qui les représentent devant Dieu, ont aussi droit à un respect plein de reconnaissance de notre part.

Nous devons également respect et déférence aux ministres de la religion, à cause du caractère sacré dont ils sont revêtus.

Il en est de même à l'égard des magistrats chargés de faire observer les lois.

Enfin, un domestique doit respect et obéissance à ses maîtres ; un soldat à son chef ; un commis à celui qui l'emploie ; un ouvrier à celui qui le fait travailler, etc. Tout inférieur, en un mot, doit respecter son supérieur ; et, en général, toute personne doit respecter celles qui sont plus âgées qu'elle, comme on le verra plus loin au sujet des vieillards.

SECTION III.

De nos Devoirs envers nos instituteurs ou institutrices.

Nos instituteurs ou institutrices sont chargés de former notre cœur et notre esprit. Nous leur devons donc reconnaissance, amour, respect toute notre vie.

Notre instituteur doit être pour nous un second père. Nous ne tenons pas de lui la vie du corps, mais l'instruction qui est la nourriture de l'âme. C'est lui qui nous procure les moyens de nous distinguer parmi les autres hommes, en nous donnant la connaissance de nos devoirs.

L'histoire de France fournit d'illustres exemples des égards que l'on doit aux instituteurs. — Presque tous nos princes se sont fait remarquer par leur attachement pour les personnes chargées de leur éducation. Le duc de Bourgogne, qui eut le bonheur d'avoir pour précepteur Fénélon, l'auteur de *Télémaque*, lui voua une affection presque filiale. — Le roi Louis XV montra toujours le plus grand respect pour le cardinal de Fleury, qui l'avait élevé. — Le poète Racine nous a laissé un exemple bien touchant de

la vénération qu'on doit à ses maîtres. Il sollicita l'honneur d'être en-
terré aux pieds de l'un de ses anciens
professeurs.

La reconnaissance pour ceux qui
ont travaillé à notre éducation, est
la marque d'une belle âme. Par la
reconnaissance, l'honnête homme
montre qu'il sent le prix de tout ce
qu'on a fait pour le rendre bon et
heureux.

SECTION IV.

De nos Devoirs envers les vieillards.

Les vieillards sont nos supérieurs
par l'âge et par la sagesse. Des cheveux blancs, une tête chauve com-
mandent le respect.

Nous devons honorer dans toutes
les personnes âgées l'image de nos
parens et de nos aïeux.

Dans les temps les plus reculés,
les vieillards étaient en si haute estime, qu'ils avaient droit aux pre-

miers rangs dans les assemblées de la nation.

La loi obligeait les jeunes gens à céder le pas à un vieillard en toute rencontre, de se lever quand il entrait dans une maison, de se taire quand il parlait, et de l'écouter avec une déférence respectueuse.

Chez les sauvages de l'Amérique, dont nous avons déjà parlé, la première autorité est celle de l'âge. Chez eux, un vieillard est honoré et obéi comme un homme de bons conseils.

La *Morale de l'Enfance,* ouvrage d'un véritable ami de l'humanité, fournit quelques vers qui devraient être gravés dans tous les cœurs. Les voici :

Songez, mes chers enfans, qu'il faut que la jeunesse
Respecte les vieillards, écoute leurs discours,
Demande leurs conseils, leur donne des secours,
Et par des soins constans soutienne leur faiblesse.

Aux conseils des vieillards accordez confiance;
Des choses de ce monde ils ont l'expérience.
Loin de vous moquer d'eux, écoutez leurs avis;
Vous vous trouverez bien de les avoir suivis.

SECTION V.

Du respect envers nos supérieurs en général.

Notre respect pour nos supérieurs doit se manifester par les actions non moins que par les paroles.

Nos actions doivent être humbles, modestes, pleines de retenue.

Nos paroles doivent en tout être conformes à nos actions.

Règle générale : nous devons toujours respecter nos supérieurs, soit que nous leur parlions, soit que nous parlions d'eux, même hors de leur présence. Violer cette importante loi de la CIVILITÉ serait faire tort à notre cœur et nous faire mal regarder dans la société.

CHAPITRE II.

DE NOS DEVOIRS ENVERS NOS ÉGAUX.

Tous les hommes sont égaux aux yeux de Dieu, dont ils sont les enfans, et qui leur commande de s'aimer comme des frères. Tous les hommes sont pareillement égaux devant la loi.

Hors ces deux points, il est de nombreuses distinctions qui sont admises par la société. Ces distinctions viennent de l'âge, des services rendus au pays, des fonctions publiques que l'on exerce, du mérite ou de la science.

Les égaux d'un enfant sont ses frères et sœurs, ses camarades d'école, les enfans du même âge que lui.

Nous devons traiter nos égaux comme nous voudrions être traités par eux; la charité chrétienne, l'amour de nos semblables nous en font un devoir.

La CIVILITÉ entre égaux est nécessaire; elle retient dans de justes bornes la familiarité trop souvent disposée à prendre des licences de mauvais ton.

La CIVILITÉ qui doit régner entre

égaux, consiste en des manières pleines de prévenance et de bonté.

C'est surtout entre frères et sœurs que cette Civilité doit régner; car c'est en famille qu'il faut en faire l'apprentissage.

Frère ou sœur, ayons soin que chacun de nos frères, chacune de nos sœurs voie que ses intérêts nous sont aussi chers que les nôtres.

L'intimité ne doit jamais faire oublier d'être poli entre frères et sœurs.

Un frère doit avoir des manières encore plus douces avec ses sœurs, que la nature a faites plus faibles et plus sensibles que lui.

Ceux qui sont grossiers avec leurs frères et sœurs, donnent une mauvaise opinion de leur caractère; ils s'exposent de plus à être grossiers avec d'autres personnes.

La pratique de la Civilité entre frères et sœurs est donc très-importante. Elle est aussi bien douce. Après notre père et notre mère, nos frères et sœurs sont les amis que la nature a placés le plus près de nous.

Heureux ceux qui ont de tels amis et qui en connaissent le prix!

Combien on doit aimer ses frères et ses sœurs!
Que ces liens sont doux! Ensemble dès l'enfance,
Unis par les devoirs, unis par la naissance,
Où trouver des amis et plus sûrs et meilleurs?

Frères, sœurs, la nature ensemble vous a mis
Pour qu'un même intérêt ensemble vous unisse;
Que rien ne vous sépare; et, pour rester amis,
Ne regrettez jamais le plus grand sacrifice.

Ce que la CIVILITÉ recommande aux frères et sœurs, s'applique aussi aux vrais amis; car la véritable amitié est l'image de la tendresse fraternelle.

La CIVILITÉ permet le badinage entre égaux : mais dès que le badinage devient moquerie, il est condamnable.

Le badinage est surtout coupable, lorsqu'il porte sur des défauts du corps.

Il ne faut jamais rendre moquerie pour moquerie.

La moquerie donne lieu à des disputes; de là des haines qui troublent la paix.

On peut s'égayer avec ses amis, avec ses égaux, pourvu que ce soit convenablement.

On ne doit traiter d'égal à égal qu'avec ceux du même âge et de la même condition que soi.

Quand on connaît peu les personnes

avec lesquelles on se trouve, il ne faut pas craindre d'être trop civil à leur égard. Mieux vaut *plus* que *moins* de CIVILITÉ. Par là on est certain de se faire bien venir de tout le monde.

CHAPITRE III.

DE NOS DEVOIRS ENVERS NOS INFÉRIEURS.

Des enfans, comme nous l'avons déjà fait remarquer, n'ont pas d'inférieurs, à moins que ce ne soient des enfans plus jeunes et plus faibles qu'eux.

On doit toujours traiter ses inférieurs avec bonté.

Rien n'est plus doux, plus consolant, plus encourageant pour des inférieurs, que de se voir traiter avec bonté par leurs supérieurs.

Un enfant ne peut donner des ordres à des domestiques. Il doit seulement leur en transmettre quand il en est chargé, et toujours avec politesse.

Si l'enfant demande en son nom quelque chose dont il ait besoin ou qu'il désire, il doit le demander comme un service, et ne jamais manquer de remercier ensuite.

Ce serait le comble du ridicule et de la sottise qu'un enfant, dont la raison ne saurait être formée, fît le maître avec ceux qui le servent, et traitât avec hauteur des personnes que leur âge doit au moins lui rendre respectables. Des parens sensés ne souffrent pas cette manière d'agir et n'en donnent pas l'exemple.

Priez, n'ordonnez pas, ne dites pas *je veux.*
Ce ton trop absolu déplaît, révolte, excède;
A des refus certains c'est exposer vos vœux.
Tout résiste à celui qui veut que tout lui cède.
(*Morale de l'Enfance.*)

Des supérieurs ne s'abaissent point en recevant des avis respectueux de leurs inférieurs. Celui qui est vraiment sage, reçoit volontiers les avis qu'on lui donne; l'insensé au contraire s'offense de ce qu'on lui dit.

Tout supérieur doit écouter les réclamations de ses inférieurs; mais il faut aussi que ces réclamations soient présentées sans colère et sans insolence.

Un sage a dit : « Chez les supérieurs, l'indulgence et l'affabilité sont des vertus qui leur coûtent peu et qui leur rapportent beaucoup. »

La condescendance en général est un devoir des supérieurs envers les inférieurs. La condescendance gagne les cœurs, les volontés; l'exigence les révolte quelquefois.

Le législateur des chrétiens a dit : » Apprenez de moi que je suis doux et humble de cœur; soyez-le comme moi, et vous entretiendrez le bon ordre et la paix. »

Enfin soyons avec nos inférieurs, comme nous voudrions que nos supérieurs fussent à notre égard : cette règle ne pourra nous tromper.

CHAPITRE IV.

DEVOIRS GÉNÉRAUX.

Ces devoirs généraux de la CIVILITÉ sont communs aux inférieurs, aux égaux et aux supérieurs.

Ils deviennent plus importans d'inférieur à supérieur. Plus la distance est grande, plus ils doivent être observés attentivement. Mais ils demeurent toujours indispensables pour tous.

Ils consistent d'abord à nous interdire tout ce que nous ne serions pas disposés à supporter dans les autres.

Nous devons nous accommoder aux caractères des personnes avec qui nous sommes, quelque mauvais que soient ces caractères.

Il faut plaindre ceux qui ont des défauts, et supporter leurs ridicules avec patience.

Nous avons tous nos défauts!

Si tu veux qu'on t'épargne, épargne aussi les autres,

a dit le bon La Fontaine.

La CIVILITÉ exige que nous supportions dans les autres ce que nous serions fâchés qu'on ne supportât pas en nous.

S'irriter contre les défauts des autres, serait aussi ridicule que de se mettre en colère contre le mauvais temps, le froid, la chaleur, etc. Et même, en se mettant en colère contre le temps, on ne le rend ni plus ni moins incommode ; au lieu qu'en s'irritant contre les hommes, on les aigrit.

La patience est donc une **des vertus** les plus utiles dans la vie, puisqu'elle sert à remplir quelques uns des devoirs les plus importans de la CIVILITÉ.

Il résulte deux grands avantages de l'observation des devoirs généraux de la CIVILITÉ : d'une part, l'amélioration de la société ; de l'autre, l'estime et l'affection de nos semblables.

SECONDE PARTIE.

BIENSÉANCES ET USAGES REÇUS.

CHAPITRE I.

DES BIENSÉANCES ET USAGES REÇUS EN GÉNÉRAL.

Les bienséances de la CIVILITÉ sont les règles invariables de ce que nous devons dire ou faire dans la société.

On appelle *bienséant* ce qui sied bien, ce qui est convenable.

Les usages reçus sont des formes qui s'introduisent dans la politesse. Ces usages ont leur importance. On se trouve toujours bien de s'y conformer, et quelquefois très-mal de les négliger.

Les bienséances et usages reçus sont étroitement liés, et dépendent souvent les uns des autres. C'est dans leur observation exacte que consiste la politesse des manières, qui est le signe le plus certain de la politesse des mœurs.

Un sage a dit : « Avec de la vertu, de la capacité, et une bonne conduite, on peut être insupportable. Les manières, que l'on néglige comme de petites choses, sont souvent ce qui fait que les hommes décident de nous en bien ou en mal. »

Ajoutons à cette excellente réflexion quelques vers qu'il est bon de rappeler souvent ; car ils sont bien propres à faire sentir le prix de la politesse et à la faire aimer :

La politesse est à l'esprit
Ce que la grâce est au visage :
De la bonté du cœur elle est la douce image,
Et c'est la bonté qu'on chérit.

CHAPITRE II.

DU LEVER ET DU COUCHER.

Dans l'intérêt de la santé comme de ses devoirs, il ne faut donner au sommeil que le temps indispensable pour se reposer.

Sept heures de sommeil suffisent au repos du corps, à moins qu'on ne soit malade ou qu'on n'ait été excessivement fatigué.

Se lever matin est une excellente habitude à prendre. L'homme, quelle que soit sa condition, est né pour le travail. Le soleil ne paraît chaque matin que pour le rappeler à sa tâche.

Le premier devoir qu'on ait à remplir en s'éveillant, c'est d'offrir son cœur à Dieu, souverain créateur de toutes choses.

Il faut sortir ensuite du lit avec modestie, s'habiller, et réciter, à genoux autant que possible, les prières d'usage.

Après avoir rempli ces devoirs, les enfans doivent aller offrir leurs respects à leurs parens ou aux personnes qui représentent leurs parens. Cette obligation, d'ailleurs si agréable, est prescrite par la nature et la reconnaissance.

Les enfans doivent pareillement ne jamais se coucher sans remplir les mêmes devoirs. Il faut que la modestie préside au coucher comme au lever. On doit de nouveau élever son âme à Dieu par la prière. Il est aussi très-salutaire d'examiner scrupuleusement toutes ses actions de la journée, afin de voir si on n'a rien fait de répréhensible. Cet examen de conscience doit conduire à la ferme résolution d'éviter de faire le mal et fortifier dans la volonté de faire le bien.

Quand on a la conscience d'avoir rempli ses devoirs, on jouit d'un sommeil doux et profond.

En général, la pudeur et les convenances sociales défendent de s'habiller ou de se désshabiller en présence de quelqu'un, lorsqu'on peut faire autrement.

CHAPITRE III.

DE LA PROPRETÉ.

Un des points de la CIVILITÉ est de plaire à nos semblables. Nous ne pourrions que leur déplaire par la malpropreté. La propreté fait donc partie de la CIVILITÉ.

La propreté contribue en outre à entretenir la santé, le premier des biens, le plus nécessaire à l'accomplissement de nos devoirs.

La propreté consiste en plusieurs soins qui concernent le corps et les vêtemens.

Chaque matin, on doit peigner, brosser ses cheveux; laver ses mains; nettoyer, couper au besoin ses ongles; se laver avec de l'eau fraîche le visage, le cou, les oreilles; se nettoyer légèrement les dents avec un linge humide.

Le soin de la bouche conserve les dents et empêche d'incommoder, par une haleine échauffée, les personnes à qui l'on parle.

On doit se laver les mains dans la journée toutes les fois qu'il est nécessaire pour les avoir propres, principalement avant et après les repas.

Les pieds exigent les plus grands soins, quoiqu'ils ne paraissent pas à découvert. Il faut qu'ils soient lavés souvent, et que les ongles en soient coupés au besoin.

L'usage le plus utile à la propreté de tout le corps, est celui des bains entiers ou des demi-bains.

La propreté du corps, si importante, ne suffit pas; celle des vêtemens est aussi nécessaire.

On peut avoir de beaux, de riches habits, et être mis malproprement. Avec des habits usés, d'étoffe grossière, l'homme propre est toujours en état de paraître convenablement. Il est essentiel qu'on ne voie sur les vêtemens ni taches de boue, ni taches de graisse, ni trous, ni déchirures; que les boutons et les boutonnières soient en bon état; que le tout soit ajusté avec quelque soin.

Même quand la chaleur est excessive, il serait malpropre et indécent de paraître les jambes nues, la poitrine et le cou découverts.

A défaut de riches habits, que l'on n'est pas tenu d'avoir, avec du linge propre on est déjà paré.

Les vêtemens des femmes, plus salissans que ceux des hommes, leurs cheveux beaucoup plus longs, réclament les plus grandes précautions. Leurs occupations de ménage exigent la plus scrupuleuse propreté; et dans leur toilette comme dans leurs soins domestiques, la propreté est la première chose. Une jeune personne ne saurait s'accoutumer trop tôt à ne rien souffrir de sale ou de mal en ordre sur elle ou autour d'elle.

Ces recommandations de propreté sont aussi d'une grande importance pour la santé. Une habitation, une chambre tenue malproprement deviennent malsaines.

L'esprit d'exactitude qui fait nettoyer, fait aussi ranger. La propreté produit l'ordre, et l'ordre produit l'économie, qui est une des richesses de la société.

La CIVILITÉ rejette tout ce qui tient à la malpropreté. Ainsi il est mal de se gratter la tête ou le corps, de mettre ses doigts dans ses cheveux, dans son nez, de se ronger les ongles, etc.

Il y a aussi des soins à prendre pour se moucher. Se moucher est la nécessité la plus désagréable que l'on ait à satisfaire en présence de témoins. On doit se moucher toutes les fois qu'il y a lieu, mais on ne saurait le faire trop proprement, pour éviter d'être un sujet de dégoût. Il faut, autant que possible, avoir toujours un mouchoir propre. Quand on veut s'en servir, on doit l'ouvrir sans étalage, le placer sur la main droite en le relevant de la gauche, s'en servir toujours à partir du point du milieu et non au hasard, et éviter de faire du bruit avec son nez. Il faut ensuite fermer son mouchoir sans regarder dedans, sans le bouchonner, et le replier de manière à pouvoir le rouvrir sans inconvénient pour soi ou pour les autres.

Gesticuler avec son mouchoir, le tenir continuellement à la main, le poser sur une table ou sur d'autres meubles, sont de mauvaises habitudes. On doit toujours garder son mouchoir dans sa poche, et ne l'en tirer qu'au besoin.

Il est malpropre et par conséquent incivil de cracher sur le plancher, dans le feu, par la fenêtre. Il faut cracher dans son mouchoir si l'on n'est pas dans la rue.

On doit éviter de cracher à chaque instant, à plus forte raison de se faire violence pour cela.

Quand on éprouve le besoin de tousser, il faut se tourner de manière à ne pas incommoder la personne auprès de laquelle on est. Si l'on se trouve entre deux personnes, on s'incline légèrement, en se couvrant la bouche avec son mouchoir ou avec la main. Il convient de tousser le moins bruyamment possible, et d'éviter des efforts aussi pénibles pour les autres que pour soi. Forcé de tousser à table, on se couvre le bas du visage avec sa serviette.

Il est une foule de recommandations qu'on

ne pourrait prévoir et détailler ici. Mais quand on est pénétré des principes généraux, le désir de bien faire, l'observation attentive des autres et de soi, font trouver ou reconnaître facilement ce qui est bien, ce qui convient.

En fait de propreté comme de tout le reste, disons qu'il est très-important de se former de bonnes habitudes et de les observer constamment, même quand on est seul ; car on est exposé à faire, sans le vouloir, devant les autres, ce qu'on a coutume de faire étant seul.

CHAPITRE IV.

DU MAINTIEN.

Le maintien du corps fait partie de la Civilité. En même temps qu'il contribue à la santé et à la grâce, il témoigne des égards que l'on a pour les personnes présentes.

Un maintien honnête annonce l'honnêteté des mœurs.

L'enfance est l'âge le plus favorable pour acquérir un maintien décent. Si, à cette époque de la vie, on néglige son maintien, on contracte aisément des habitudes qu'on a de la peine à corriger. Les enfans et les jeunes gens ne sont que trop enclins à blesser la modestie et l'honnêteté par de mauvaises attitudes. On ne saurait donc appeler trop tôt leur attention sur ce sujet.

Ce que nous devons d'abord éviter, c'est la nonchalance, qui prouve ordinairement de la paresse, de la bassesse dans les sentimens, et l'ignorance ou l'oubli des convenances.

L'excès contraire, qu'il faut éviter également, c'est l'affectation. Une tenue guindée a quelque chose de ridicule.

Notre maintien doit être naturel, aisé, réservé, circonspect, sans afficher pour cela de la morgue, de la hauteur.

Les enfans, les jeunes gens doivent surtout s'attacher à faire en sorte que leur tenue, que tous leurs mouvemens montrent leur déférence ou leur respect pour les personnes à la société desquelles ils sont admis.

Lorsqu'on est debout, il ne faut ni se tenir courbé, ni pencher la tête d'une manière indolente ou affectée, ni la tenir renversée comme un fanfaron. Il faut éviter de s'appuyer négligemment contre la muraille ou contre les meubles, surtout contre le siége de quelqu'un, de faire des contorsions, de porter tout son poids sur une jambe en allongeant l'autre, etc.

Debout, le meilleur maintien est d'avoir la tête et le corps posés droit, les jambes tendues sans raideur, les pieds rapprochés aux talons et la pointe en dehors. Les bras doivent tomber mollement.

Assis, il faut prendre la position la plus modeste et la moins gênante pour ses voisins; ne pas s'asseoir de travers, ne pas accrocher l'un de ses bras au dossier des chaises, ne pas s'accouder sur le bras d'un fauteuil pour soutenir sa tête, ne pas se jeter à la renverse sur le dos de son siége, ne pas s'y balancer, ne croiser ni les jambes ni les pieds, ne pas mettre les pieds sur les bâtons des chaises, ne pas les frotter sur le plancher. Enfin on doit éviter ce qu'on sent avoir quelque inconvénient. Il faut observer aussi de ne pas se lever sans nécessité quand tout le monde est assis, et de ne pas rester assis quand tout le monde est levé.

Les gestes doivent être modérés. Il vaudrait mieux rester un peu trop immobile que trop gesticuler.

Notre maintien en marchant doit être à peu près le même que lorsqu'on est debout. Il faut éviter trop de lenteur, trop de précipitation. Le mouvement des bras doit être facile et sans brusquerie.

Marcher en regardant de côté et d'autre d'un air distrait, est ridicule et dangereux pour soi comme pour les autres.

Parler à quelqu'un sans le regarder serait très-incivil.

CHAPITRE V.

DES RENCONTRES AU DEHORS ET DE LA MANIÈRE DE SALUER.

On doit saluer toutes les personnes que l'on connaît partout où on les rencontre.

Pour saluer un inférieur, il ne faut point attendre qu'on soit prévenu par lui. Les personnes bonnes, celles qui ont l'esprit bien fait, cherchent à prévenir à cet égard toute personne de connaissance.

Il convient surtout que les enfans en agissent ainsi.

Ne pas rendre le salut par fierté est d'un esprit bien sot et bien borné. Tout supérieur qui a de nobles sentimens, se fait remarquer par la manière obligeante avec laquelle il remplit ce devoir.

Dans quelque lieu que l'on soit, dans l'escalier, dans la cour d'une maison, par exemple, on ne doit pas gêner une personne sans se ranger, saluer, proférer un mot d'excuse. Dans un lieu isolé, à la campagne, il est d'usage de saluer les inconnus rencontrés par hasard. Si les personnes avec lesquelles on se trouve en saluent d'autres qu'elles rencontrent, il faut imiter leur exemple, et se tenir découvert si l'on s'arrête.

Les manières de saluer varient suivant les personnes. Le salut doit être respectueux avec un supérieur, cordial ou civil avec un égal, et bienveillant avec un inférieur.

On doit éviter en saluant de jeter en arrière soit le pied droit, soit le gauche, comme si l'on écrasait quelque chose. Cette manière de saluer, commune dans la campagne, vient sans doute de l'ancien usage de fléchir le genou.

Pour saluer, on doit ôter son chapeau, le baisser en développant le bras, arrondir le corps en inclinant d'abord la tête plus ou moins profondément, selon la personne.

Une femme salue en fléchissant les genoux de manière à faire une révérence plus ou moins profonde.

Il ne convient pas d'aborder toutes les personnes que l'on salue, à moins qu'on ne soit lié avec elles ou qu'on n'ait quelque chose à leur dire. Dans les autres cas, saluer et passer son chemin est ce qu'on a de mieux à faire, surtout à l'égard de ses supérieurs.

Quand on s'arrête pour parler à un supérieur, ou à une dame, il faut rester le chapeau à la main jusqu'à ce qu'on ait été invité, une fois au moins, à se couvrir.

Ce n'est que de supérieur à inférieur ou d'égal à égal qu'on peut se permettre d'inviter quelqu'un que l'on aborde à se couvrir.

Ce n'est aussi que de supérieur à inférieur ou d'égal à égal que l'on peut se permettre de tendre la main à quelqu'un qu'on aborde.

Il est inconvenant de nommer par son nom une personne que l'on rencontre, encore plus de la nommer chaque fois qu'on lui adresse la parole.

En général, dans les rencontres, on doit éviter des manières trop familières, qui souvent sont bien voisines de l'impolitesse et nous exposent à de rudes leçons.

Un jour, un importun, connu pour sa familiarité choquante, ayant dit à un grand seigneur en l'abordant : *Bonjour, mon ami, comment te portes-tu?* il n'en reçut que cette réponse justement humiliante : *Bonjour, mon ami, comment t'appelles-tu?*

Quand on rencontre quelqu'un avec qui l'on n'est pas très-familier, il faut s'abstenir de lui demander où il va, d'où il vient. Le demander serait une indiscrétion. En général, toute question qui peut avoir un air de curiosité est à éviter.

S'arrêter en chemin pour regarder fixement quelqu'un sans avoir à lui parler, serait non seulement manquer à la CIVILITÉ, mais encore commettre un acte d'effronterie et d'impudence.

CHAPITRE VI.

DES VISITES.

Nous sommes nés pour la société, et l'on peut considérer les visites comme les liens ordinaires de cette société. Elles ont l'avantage de rapprocher les hommes, d'établir et d'entretenir parmi eux des rapports nécessaires.

Les visites ont une utilité immense, celle d'opérer souvent des réconciliations entre des parens, des amis divisés.

L'usage des visites du premier jour de l'an, par exemple, rend obligatoire un rapprochement désirable.

Il est indispensable de rendre, et dans un bref délai, les visites que l'on reçoit des personnes avec qui l'on est sur le pied de la cérémonie. Il ne faudrait pas se modeler sur ceux qui s'affranchiraient de ce devoir sous prétexte de supériorité.

Quelque assujettissantes que soient ces visites, il n'est pas permis de s'en exempter. Elles font partie des servitudes que nous impose notre condition d'hommes vivant en société.

Ne pas rendre une visite serait manquer de reconnaissance ou de politesse.

Une personne à qui l'on ne rend pas sa visite doit s'abstenir d'en faire d'autres, par la crainte d'être importune.

Il est des cas où l'on n'est pas dans l'obligation de rendre une visite. Entre amis, entre proches parens, on ne compte pas les visites. Un protecteur n'est pas tenu d'en rendre à son protégé; mais quand il le ferait, il n'en montrerait que plus de grandeur d'âme et de délicatesse.

Une visite rendue par un supérieur est presque toujours une marque de bonté.

. L'usage a noté les visites obligatoires, et n'a fait que noter les bonnes inspirations du cœur. Ne pas s'y conformer serait manquer de savoir-vivre.

Outre les visites du premier de l'an, impérieusement nécessaires pour tout inférieur à l'égard de ses supérieurs, il y a les visites aux personnes dont on vient de recevoir un service : ce sont les visites de reconnaissance ; celles à des amis ou connaissances, lorsqu'il leur arrive quelque chose d'heureux : ce sont les visites de félicitation ; et, dans le cas contraire, les visites de condoléance. On doit aussi visiter avec intérêt, avec empressement, ses amis, lorsqu'ils ont le malheur d'être malades. Ceux-ci, à leur tour, dès qu'ils sont rétablis, doivent leurs premières visites aux personnes qui les ont visités le plus assidument.

Il y a des termes de rigueur fixés pour certaines visites. Les visites de bonne année sont considérées comme telles dans tout le cours de janvier. Les plus respectueuses, celles aux grands parens, se font la veille même du premier jour de l'an ; les autres, dans des délais plus ou moins longs, suivant le degré de parenté ou de liaison.

.. Les visites à la suite d'un dîner, d'une soirée, se rendent dans la huitaine.

.. La longueur de toute visite doit être mesurée à son utilité : on doit être économe du temps.

, Dans une visite de cérémonie à de grands personnages dont les momens sont comptés, on ne prend souvent même pas le temps de s'asseoir. Les plus longues visites de cérémonie ne doivent guère passer une demi-heure.

Il est certaines heures où les visites seraient inconvenantes et incommodes. Il faut surtout se régler sur les habitudes de la maison où l'on veut aller, et tâcher d'éviter de faire visite soit dans la matinée, soit aux heures des repas. En général, c'est la soirée qui est le moment le plus favorable aux visites.

Quand on va faire une visite, on doit avoir l'attention de repasser dans sa mémoire ce qu'il convient de dire ou de faire.

Le premier soin à prendre en arrivant à la porte des personnes chez qui l'on va, est de secouer la poussière de sa chaussure ou d'en enlever la crotte le plus possible, en passant les pieds sur le grattoir ou sur le paillasson, s'il y en a.

Il faut ensuite sonner ou frapper doucement, assez seulement pour être entendu. Si, après avoir sonné ou frappé deux ou trois fois, à quelques intervalles, personne ne vient ouvrir, il convient de se retirer, en laissant, s'il y a lieu, une carte de visite chez le portier.

Quand on trouve la clef à la porte, ou même la porte ouverte, il faut frapper légèrement et attendre, à moins qu'on ne reçoive du dedans l'invitation d'entrer, ou qu'il ne se présente quelqu'un pour introduire. Dans ce dernier cas, on dit son nom pour se faire annoncer, en le faisant précéder de la qualification de *Monsieur*, *Madame* ou *Mademoiselle*, si l'on est une grande personne ou peu familier dans la maison. Les hommes ôtent leur chapeau dès l'entrée.

Lorsqu'on est obligé d'attendre dans une antichambre ou dans une autre pièce, ce serait une incivilité grossière que de siffler, de chanter, de toucher aux meubles ou aux objets d'art. On ne doit toucher à rien. Il faut tout simplement prendre un siége et s'y tenir décemment, ou, mieux encore, attendre debout.

Si la personne chez qui l'on entre est occupée avec quelqu'un ou à quelque chose, au lieu de l'interrompre, on doit attendre discrètement et à l'écart qu'elle ait terminé ce qui l'occupe.

Quand on se présente dans une réunion, après le premier salut général, qui a lieu dès l'entrée de la pièce où est la société, on doit aborder avec empressement les maîtres de la maison, les saluer et leur présenter ses devoirs; saluer successivement les autres personnes avec déférence, puis échanger à demi-voix avec celles que l'on connaît, ou dont on est voisin, quelques paroles de politesse.

Pendant le temps que dure une visite, un homme ne doit pas se permettre d'avoir son chapeau sur la tête, y fût-il invité, à moins de raisons majeures; il doit le tenir à la main, sur ses genoux, avec le plus d'aisance possible. Prié de s'en débarrasser, il peut le placer sur un gros meuble, de préférence, soit commode, soit secrétaire.

Une femme, au contraire, doit garder son chapeau, son schall, jusqu'à ce qu'elle soit invitée à les quitter. Dans le cas d'une visite prolongée, c'est aux maîtres de la maison à l'y inviter, et à l'en débarrasser avec empressement.

C'est manquer aux convenances que de mettre son chapeau sur le lit d'une personne d'un autre sexe que le sien.

La tenue d'une personne qui fait visite doit être conforme aux règles que nous avons rappelées en parlant du maintien.

Placé près du foyer, il serait d'une impolitesse choquante de s'emparer de la cheminée pour s'y chauffer, en servant d'écran à la société.

Pour se retirer en terminant sa visite, il n'est pas bien de brusquer sa sortie : il faut la ménager par quelques mots de préparation, se lever, saluer comme on l'a fait à son entrée, et s'éloigner sans précipitation.

Quand on se trouve dans une réunion nombreuse, la sortie est plus simple; on n'a qu'à se retirer doucement, de manière à n'être aperçu que le moins possible, et cela autant par modestie que pour éviter le dérangement.

Dans toute visite, de cérémonie surtout, il serait

inconvenant d'employer les expressions *bonjour, bon-soir, adieu.* Elles ne sont bonnes qu'entre personnes très-familières.

Il n'est pas permis de faire attendre les personnes qui viennent nous visiter. Il serait impertinent d'en user ainsi sans nécessité. Si l'on est retenu par un motif quelconque, on doit, autant que possible, charger une autre personne de la maison de faire les honneurs, jusqu'à ce qu'on puisse se présenter et s'excuser convenablement.

Une personne à qui l'on rend visite doit rendre politesse pour politesse, se lever à l'arrivée de la personne qui entre, aller avec prévenance au devant d'elle, la faire asseoir sur le siége le plus commode, la placer près du feu s'il fait froid, et, s'il est possible, lui mettre sous les pieds un tapis, un tabouret; en un mot, avoir les plus grandes attentions, surtout si c'est une femme.

Il ne faut point s'occuper de soins de ménage pendant qu'on a du monde chez soi. Si l'on est forcé de travailler, on en demande auparavant la permission. Si l'on mange, il convient d'interrompre son repas, jusqu'à ce que l'on soit invité ou autorisé à le continuer.

On doit toujours reconduire les personnes qui font visite jusqu'à la porte, et même jusqu'à l'escalier, en les suivant des yeux jusqu'à ce qu'elles aient disparu, après leur avoir adressé un dernier salut. Il est plus honnête encore à un homme de descendre jusqu'au pied de l'escalier, ou même jusqu'à la rue. Si c'est une dame qu'il reconduit, une politesse attentive veut qu'il lui offre le bras ou la mène jusqu'à la rue. S'il fait nuit, il convient de l'accompagner ou de la faire accompagner jusque chez elle.

Quand la personne que nous visitons veut nous reconduire jusqu'à la porte soit de l'appartement, soit de la rue, nous devons nous y opposer poliment, ou lui en témoigner notre regret ou notre reconnaissance.

Les seules personnes dispensées de toutes ces formalités de politesse sont les femmes à l'égard des hommes, qui doivent souffrir le moins possible qu'elles les reconduisent jusqu'à l'escalier ; de plus, les personnes âgées ou infirmes, et les fonctionnaires publics, parce que les affaires exigent leur présence dans leur cabinet.

Les visites faites à des malades doivent être très-courtes, à moins qu'on ne soit utile. Il faut avoir l'attention de parler peu et bas, de ne rien dire qui puisse inquiéter ou fatiguer le malade à qui l'on rend visite.

CHAPITRE VII.

RÉCRÉATIONS ET JEUX.

Dans toute espèce de récréations ou de jeux, on doit éviter de se laisser aller aux emportemens et aux vivacités.

Il y a de l'incivilité et de la bassesse à témoigner de la mauvaise humeur quand on perd, ou une joie excessive quand on gagne.

On ne doit parler que très-poliment aux personnes qui ont commis quelque faute dans le jeu, loin de prendre jamais un ton de maître à leur égard.

Les enfans entre eux ne sont pas affranchis de ces règles par la familiarité. A cause de cette familiarité même, ils doivent s'observer davantage pour éviter les querelles. La familiarité doit être toujours honnête.

Il n'est pas convenable que les enfans prennent part à tous les jeux de société. Les jeux d'exercice leur conviennent beaucoup mieux que les autres, pourvu qu'ils soient modérés.

On doit s'interdire les jeux de hasard.—Jouer de l'argent est très-dangereux. Le jeu dégénère alors en passion, et devient la source de mille excès qui ruinent et souvent déshonorent les familles.

Le jeu ne doit pas être une spéculation : il ne faut le considérer que comme un délassement, et ne s'y livrer qu'avec une honnête modération, un noble désintéressement.

Tricher au jeu, c'est déjà être fripon.

Il est très-important de ne jamais abuser de la bonne foi des autres et de conserver une scrupuleuse loyauté dans tous les jeux comme dans toutes ses actions.

Avec des personnes sensibles à la perte ou d'un caractère fâcheux, on ne doit pas quitter la partie le premier, si l'on gagne. Il est nécessaire de s'armer de patience avec des personnes d'un semblable caractère.

Lorsque, dans une réunion, on est invité à jouer, à chanter, ou à faire de la musique, et qu'on le peut, on a mauvaise grâce de se faire prier. On doit se rendre avec un empressement modeste à l'invitation que l'on reçoit, et faire toutes choses sans affectation.

En général, même dans les divertissemens, il est une loi qu'il faut toujours observer, c'est celle de l'honnêteté.

CHAPITRE VIII.

DE LA MANIÈRE DE SE CONDUIRE DANS LES RUES, A LA PROMENADE, DANS TOUT LIEU PUBLIC.

Dans la rue, il faut avoir une démarche régulière, ni trop lente, ni trop précipitée. On doit regarder devant soi, et ne pas bayer, comme on dit, aux corneilles ; éviter de heurter, de coudoyer personne, de gesticuler, de traîner ses pieds, de crotter, en marchant sans précaution, les passans, les personnes qui nous accompagnent ou nous-mêmes.

En général, il est bien de parler peu et à voix basse dans les lieux publics.

La Civilité défend de manger dans les promenades, cela n'est tolérable que dans les plus petits enfans.

C'est une impertinence que de montrer quelqu'un au doigt.

Quand on rencontre quelqu'un dans la rue, c'est une faute contre la bienséance de lui parler de loin, et de lui demander, en criant, l'état de sa santé.

Lorsqu'on sort avec plusieurs personnes, la CIVILITÉ prescrit de ménager autant que possible le haut du pavé aux personnes avec lesquelles on est, d'offrir à une femme le bras qui lui convient, de régler son pas sur celui des autres. — On peut aussi s'offrir le bras entre hommes, de supérieur à inférieur, et d'égal à égal.

Si l'on marche dans la rue avec des personnes supérieures ou égales, on leur cède toujours le côté le plus propre et le plus commode. On a cet égard pour les femmes sans exception.

Quand on est deux, la droite est ordinairement la place d'honneur ; si l'on est plusieurs, c'est le milieu.

Quand un homme monte en voiture avec d'autres personnes, des femmes surtout, il doit leur offrir la main pour les aider à monter, en prenant garde qu'elles ne se salissent contre les roues ; chercher à se placer sur le devant de la voiture, tâcher aussi d'en descendre le premier pour aider les autres personnes à descendre.

Les places d'honneur dans une voiture sont celles du fond à droite, à gauche, puis au milieu ; puis la première à droite sur le devant, etc. Ces places appartiennent aux dames et aux personnes les plus âgées de la société.

Un homme poli ne doit jamais avoir la tête couverte, ni dans une voiture, ni dans un salon public.

Les égards généraux prescrits par la CIVILITÉ doivent être observés partout sans exception.

CHAPITRE IX.

DU MAINTIEN QU'ON DOIT AVOIR DANS LES ÉGLISES ET AUTRES LIEUX CONSACRÉS A LA RELIGION.

Les lieux publics où l'on doit exercer le plus sévèrement les bienséances, sont les églises et autres lieux consacrés à la religion.

Les principales règles de la CIVILITÉ sur le maintien qu'il convient d'avoir dans les églises, sont puisées dans le respect sans bornes que nous devons à Dieu. La maison de Dieu est une maison de prière, et l'on ne peut l'oublier, sans commettre de sacriléges irrévérences.

Les enfans, comme les grandes personnes, ne doivent jamais se présenter à l'église sans être mis proprement et d'une manière décente.

On doit prendre avec respect l'eau bénite, qui est ordinairement placée à l'entrée des églises, et faire le signe de la croix.

Quand on passe devant les autels, on doit s'incliner profondément.

Nous devons avoir à l'église un maintien modeste et recueilli qui annonce des sentimens religieux et qui soit un sujet d'édification. — Il faut se tenir debout, assis ou à genoux, selon que l'exigent ou le permettent les cérémonies du culte.

On doit s'interdire sévèrement de se promener dans l'église, d'y causer, d'y jeter çà et là des regards distraits, d'y troubler enfin de quelque manière que ce soit le recueillement des personnes qui sont tout entières au service divin.

Quand on entre dans une église ou qu'on en sort, offrir de l'eau bénite aux personnes avec qui l'on se trouve est une prévenance qui n'est pas négligée par les personnes pieuses et polies.

CHAPITRE X.

DES REPAS.

SECTION I.

Des Repas en général.

Que l'on mange chez soi et sans cérémonie, ou que l'on mange chez les autres, on ne doit jamais s'affranchir des usages que recommande la CIVILITÉ. Une telle négligence nous exposerait à perdre les manières honnêtes.

C'est une louable et pieuse coutume que d'élever son âme à Dieu avant chaque repas et de le prier de bénir la nourriture qu'on va prendre.

Avant de se mettre à table, il faut avoir les mains très-propres ou se les laver.

Il importe de surveiller sa tenue à table. Il faut ne se tenir ni trop près ni trop loin de son couvert, ne pas se renverser sur le dos de son siége, ne pas se tenir courbé, encore moins s'accouder sur la table; il ne faut y poser que le poignet sans y faire porter le poids du corps.

La serviette est destinée à préserver les habits des taches, à essuyer les doigts et la bouche. On ne doit pas se hâter de la déplier; il faut attendre que d'autres personnes en aient donné l'exemple, puis l'étendre sur soi. Pour la rendre plus utile, les hommes passent quelquefois leur serviette par une boutonnière de leur habit ou dans leur gilet. Les femmes la fixent avec une épingle à un des côtés de leur poitrine. Ces précautions, et de plus grandes encore, conviennent surtout aux enfans.

On ne peut se permettre d'essuyer son couvert, à moins que ce ne soit chez le restaurateur.

C'est toujours de la main droite que l'on doit tenir sa cuiller, sa fourchette et son couteau, excepté quand on a des viandes à couper. Alors, mais seulement alors, il faut prendre sa fourchette de la main gauche et le couteau de la droite; puis reprendre la fourchette de la main droite, pour porter les morceaux à sa bouche.

La CIVILITÉ recommande de ne pas trop mettre de potage dans sa cuiller, de ne le point humer, d'avaler le tout sans mâcher, autant que possible, d'attendre que le potage soit refroidi s'il est trop chaud, de ne jamais souffler dessus, de prendre toujours sur les bords de l'assiette, de ne point boire le bouillon à même.

On doit éviter de parler en prenant le potage.

On ne doit pas se servir de la fourchette en mangeant le potage : l'usage ne le veut pas.

Il est mieux de rompre son pain avec les doigts que de le couper bouchée à bouchée. On ne doit jamais tenir son pain à pleine main.

On ne prend du sel ou du poivre ni avec les doigts ni avec le manche de sa cuiller ou de sa fourchette : on le prend avec la pointe du couteau essuyé, ou avec une cuiller blanche.

Pour demander à boire ou pour boire, il faut tenir son verre de la main droite avec le pouce et les deux premiers doigts. On ne doit ni tenir son verre à deux mains, ni tousser dedans, ni le porter à sa bouche quand elle est pleine, ni le laisser presque plein sur la table. Il faut donc éviter de se faire verser à boire plus qu'on n'en peut prendre chaque fois. On doit boire lentement, ne pas faire de bruit en buvant, s'essuyer la bouche après avoir bu.

On a beaucoup de soins à prendre lorsque l'on mange.

La CIVILITÉ recommande de ne pas entasser morceaux sur morceaux, de ne point montrer en mangeant ce qu'on a dans la bouche, de n'en point retirer les morceaux mangeables qu'on y a mis; de ne jeter par terre ni os ni arêtes, ni quoi que ce soit. Ce qu'on ne mange pas doit être mis sur le bord de l'assiette. Il serait malpropre de toucher les viandes, de les porter à la bouche avec la main, de nettoyer son assiette avec les doigts, d'essuyer ses doigts, sa cuiller, sa fourchette, son couteau avec sa langue ou avec la nappe. En un mot, la CIVILITÉ veut que l'on mange avec le plus de propreté possible , en tâchant même de le faire avec grâce.

Les enfans surtout doivent se tenir tranquilles à table.

Il n'est permis à personne de demander à être servi le premier , de marquer son impatience par quelque signe que ce soit, d'indiquer les mets que l'on préfère , de regarder fixement dans l'assiette de son voisin , de porter les viandes à son nez ou de les donner à flairer.

Quand on n'a plus besoin de l'assiette qu'on a devant soi, on doit attendre qu'elle soit remplacée, en demander une honnêtement , ou la prendre si l'on doit se servir soi-même.

Il serait très-mal et même imprudent de tenir sa cuiller, sa fourchette ou son couteau élevé dans sa main, de gesticuler avec , de porter un morceau de pain à la bouche avec son couteau.

S'il arrivait que l'on trouvât quelque malpropreté dans les alimens , il faudrait la faire disparaître sans la montrer et sans rien dire.

Quand on coupe quelque chose sur son assiette, il faut prendre garde de faire sauter de la sauce sur ses voisins ou sur soi-même.

Au dessert, on peut choisir parmi les choses qui sont offertes, mais non porter la main aux plats, excepté lorsqu'ils passent à la ronde. Dans ce dernier cas, avant de se servir, on doit présenter le plat à ses voisins.

On ne mord pas dans les fruits, ce serait grossier et malpropre; on ne casse pas les noyaux avec ses dents, ce serait grossier et dangereux. On se sert du couteau pour partager les fruits, les peler; on laisse les noyaux ou les pelures sur son assiette.

Il est bien de se nettoyer les dents quand on a fini de manger , pourvu qu'on se retire un peu à l'écart et que l'on se serve d'un cure-dent, et non de la pointe du couteau ou d'une épingle.

Quand on se rince la bouche après le repas, il est inconvenant , dégoûtant même de rejeter l'eau devant tout le monde dans son assiette ou dans son verre.

Il est du devoir de l'homme de prier Dieu avant le repas, il ne l'est pas moins de le remercier après avoir fait usage des biens que nous tenons de sa main paternelle. Après chaque repas, nous devons rendre grâce à Dieu par une courte mais fervente prière.

SECTION II.

Des Repas en ville.

Quand on accepte une invitation à dîner en ville, ce serait une grande malhonnêteté que de ne pas s'y rendre sans prévenir.

Il faut tâcher d'arriver un peu avant l'heure indiquée, pour ne pas déranger en arrivant trop tôt, pour ne pas faire attendre en arrivant trop tard.

On ne doit point choisir sa place à table, et les enfans moins que personne. C'est aux maîtres de maison à placer leur monde.

Pendant tout le temps du repas, on doit avoir une tenue décente et polie à l'égard de tout le monde, ne pas appeler les convives par leur nom, chaque fois qu'on leur parle.

Les enfans doivent tremper leur vin des deux tiers d'eau au moins, et l'on fait très-bien de leur donner des verres assez petits pour qu'ils puissent les vider en une fois.

La religion et la raison s'accordent pour nous prescrire la sobriété.

La tempérance exige que l'on mange à des heures réglées autant que possible.

Quand on est invité à accepter quelque mets dont on ne peut manger, on remercie poliment.

On ne se retire de table que quand le maître de la maison en donne le signal. — Les enfans quittent la table quand on le leur permet.

A une table étrangère, on ne plie pas sa serviette en se levant de table ; on la laisse sur la table ou sur le siége que l'on quitte.

CHAPITRE XI.

DE LA CONVERSATION.

SECTION I.
De la Conversation en général.

La conversation est l'échange des sentimens et des idées par la parole.

Il ne suffit pas dans la conversation de parler correctement; il est beaucoup plus important de parler convenablement, c'est-à-dire de ne se permettre rien qui puisse blesser, choquer autrui ou les usages reçus.

Nous devons, dit le Sage, peser toutes nos paroles au poids de l'or; ce qui veut dire que, comme nous attachons beaucoup de prix à ce métal, et que nous en usons avec une grande économie, nous devons également surveiller avec attention nos paroles.

Un cœur pur et droit ne suggère que des discours honnêtes et vrais ; un cœur corrompu ne fournit au contraire que des paroles répréhensibles et condamnables.

La conversation doit être un entretien bienveillant et instructif même, sans prétention, dans lequel tout produise l'estime et la confiance.

Les enfans, moins encore que les grandes personnes, doivent interrompre celles qui parlent. — Ils ne peuvent se permettre de questions, même utiles, qu'en petit comité et lorsque chacun fait silence.

Si on les interroge, leur devoir est de répondre avec modestie.

Il faut aussi qu'ils évitent d'élever trop la voix, de trop gesticuler, de regarder trop fixement les personnes qui leur adressent la parole, de leur répondre par des signes de tête, d'avoir l'air distrait, de rire aux éclats, de parler avec assurance, etc.

Les deux qualités essentielles pour ne pas déplaire dans la société, consistent à savoir se taire et à savoir écouter. On se repent souvent d'avoir parlé, rarement d'avoir gardé le silence.

Un sage disait ingénieusement à un jeune étourdi qui parlait à tort et à travers : « Nous avons deux oreilles et une seule langue, pour nous apprendre à écouter beaucoup et à parler peu. »

Savoir écouter, c'est écouter sans distraction, avec respect ou bienveillance.

Il est impoli et quelquefois injurieux de parler bas à l'oreille dans une réunion, ou de s'exprimer dans une langue qui ne soit pas comprise de tout le monde.

On ne doit, dans une société, demander l'heure ou regarder sa montre, que dans le cas où cela ne saurait paraître une marque d'ennui.

Avant de parler, nous devons connaître la position sociale de ceux qui nous écoutent.

Il est certains sujets que l'on doit éviter d'aborder.

Il faut ne jamais parler d'âge devant des personnes plus âgées que nous; ne pas parler de repas somptueux devant des gens qui n'ont que le strict nécessaire; ne pas vanter notre santé devant des malades; ne pas entretenir de nos richesses, de nos avantages, un homme qui ne possède rien, en un mot, ne rien dire qui puisse exciter l'envie ou les regrets des autres. La charité, cette mère de la véritable CIVILITÉ, nous en fait une loi.

Il est des choses qu'on doit constamment respecter dans la conversation. Tout ce qui tient à la religion, aux bonnes mœurs, aux lois du pays, doit être principalement l'objet d'un respect inviolable.

Rien n'est moins selon Dieu et selon le monde que d'appuyer ce qu'on avance par des sermens. Un honnête homme qui dit *oui* et *non* mérite d'être cru. L'important est d'avoir un caractère digne de confiance.

Point de familiarité dans la conversation, si ce n'est avec ses amis intimes. La plus stricte CIVILITÉ dans la tenue comme dans les paroles doit être observée.

La personne qui écoute doit éviter de faire répéter. Celle qui parle doit promener ses regards sur les diverses personnes qui écoutent; et, s'il en survient quelque autre, résumer pour elle la conversation.

L'esprit de la conversation consiste à s'y occuper beaucoup des autres, et le moins possible de soi.

Parler sérieusement de soi en bien ou en mal, est également sot.

L'esprit de la conversation ne consiste pas tant à montrer soi-même beaucoup d'esprit qu'à en faire trouver aux autres.

Il ne s'agit pas d'être sévère pour soi-même dans la conversation, il faut avoir pour les autres une indulgence charitable qui s'étende jusqu'à les faire valoir.

SECTION II.

Des Vices et Ridicules dans la conversation.

Ces vices et ces ridicules sont très-nombreux; les premiers procèdent du cœur, les seconds de l'esprit.

Les vices du cœur les plus notables, et par conséquent les plus odieux, sont la calomnie, la médisance, le mensonge, la flatterie, la présomption, l'égoïsme, la susceptibilité, le défiance, etc.

Ces vices et d'autres encore, mais principalement la calomnie, la médisance et le mensonge, sont les plus grands fléaux de la conversation ; ils en détruisent tout le charme.

Calomnier quelqu'un est un crime affreux ; en médire en son absence, est une indigne lâcheté. Le mensonge, même inoffensif, est coupable et contraire à la CIVILITÉ.

Les ridicules et défauts de l'esprit que l'on regarde comme fâcheux dans la conversation, sont la curiosité, la manie de raconter longuement et minutieusement, celle de faire des questions indiscrètes, l'habitude de rire d'une manière bruyante et sans motif, etc. Ces ridicules absorbent des instans qui pourraient être employés à dire ou entendre de bonnes choses.

Toutefois la CIVILITÉ veut qu'on supporte patiemment ces travers dans ceux qui les ont.

SECTION III.

De la Plaisanterie.

On ne doit se permettre la plaisanterie, même la plus innocente, qu'avec les personnes polies, et qui ont un esprit capable de la sentir.

La bonne plaisanterie, la seule permise, est donc faite à propos et digne de tout homme qui a de bons sentimens.

Il est extrêmement difficile de bien plaisanter, et l'on a presque toujours raison de s'en abstenir.

Quant à la moquerie, elle est choquante, et dénote dans ceux qui se la permettent un manque d'esprit.

Le Seigneur, dit l'Écriture, se moquera des moqueurs, et il donnera sa grâce à ceux qui sont humbles et doux.

Il n'est ni civil, ni charitable, ni juste de plaisanter sur le langage incorrect des gens qui ont été privés d'instruction. Le beau mérite de faire sentir à quelqu'un qu'il ignore ce qu'on ne lui a pas appris !

Règle générale : on ne peut guère plaisanter convenablement qu'avec ses égaux ; encore faut-il avoir grand soin de ne pas les blesser.

SECTION IV.

De la Discussion.

La discussion peut trouver place dans la conversation, lorsqu'elle est enjouée, bienveillante, sérieuse même, mais toujours mesurée ; car si elle se passionne, elle dégénère en dispute, et alors la paix est troublée.

Lorsque quelqu'un s'emporte jusqu'à dire des choses désobligeantes, il faut mettre adroitement le terme le plus prompt à cette conversation fâcheuse. S'emporter aussi serait non seulement troubler l'ordre, mais encore se faire un grand tort à soi-même.

La parole douce apaise la colère, la parole dure excite la fureur.

On ne doit contredire quelqu'un que lorsqu'il y a une importance rigoureuse à le faire; et il n'est permis de le faire qu'en termes très-polis, pour adoucir ce que la contradiction a de choquant. Ainsi l'on peut dire à une personne qui se trompe : *Permettez-moi de vous faire observer que vous vous trompez, que vous avez été mal informé, je crois que vous êtes dans l'erreur, etc.*

Se fâcher contre les personnes qui nous font observer que nous nous sommes trompés, est malhonnête et déraisonnable.

On ne doit donner son avis sur le sujet de la conversation, que quand on y est invité.

Les enfans et les jeunes gens doivent principalement se tenir sur la réserve à cet égard, tant à cause de leur infériorité que de leur inexpérience.

SECTION V.

Des Complimens.

Il est des circonstances où la CIVILITÉ autorise, prescrit même les complimens.

On complimente les personnes que l'on connaît sur les avantages qu'elles ont, ou qui leur arrivent. Un bienfait reçu, des grâces qu'on obtient, sont également matière à complimens.

Les complimens doivent être naturels. La prétention les rend insipides et ridicules.

Il ne faut pas prodiguer les complimens ; ce serait leur ôter de leur prix.

Il n'appartient à personne de se louer; c'est un soin qu'il faut laisser aux autres. *Qu'un autre vous loue*, dit Salomon, *et non votre bouche; que ce soit un étranger et non vos propres lèvres.*

Il convient de recevoir avec une modestie véritable les louanges que l'on a pu mériter.

Il faut répondre aux louanges qu'on entend faire de ses parens, en témoignant sa reconnaissance, mais sans rien ajouter à ces éloges.

On est impoli quand on loue trop les qualités d'une personne, et que ces louanges peuvent avoir l'air d'être la critique de ceux qui les écoutent.

SECTION VI.

Du Tutoiement et de quelques familiarités.

Le tutoiement semble prouver plus d'affection entre ceux qui l'emploient, que l'autre manière de s'exprimer. Il est en usage entre les frères et sœurs ; les amis d'enfance aiment à en conserver l'habitude toute leur vie.

Le respect, premier devoir des enfans envers leurs parens, voudrait qu'ils ne se permissent pas de les tutoyer ; l'usage, fondé sur une condescendance affectueuse, autorise le tutoiement dans beaucoup de familles.

Un homme ne doit tutoyer une femme, une femme ne doit tutoyer un homme, que par suite d'habitudes d'enfance ou de très-proche parenté.

Nommer une personne absente qu'on ne tutoierait pas, sans dire *monsieur* ou *madame*, est une inconvenance très-grande.

SECTION VII.

Résumé des qualités essentielles de la conversation.

Savoir se taire et savoir écouter, redisons-le, sont les qualités les plus indispensables dans la conversation.

Le silence et la modestie conviennent surtout aux jeunes gens, à qui il n'appartient nullement de s'emparer de la conversation et de la dominer.

Ces qualités conviennent beaucoup plus encore aux jeunes personnes : la modestie et la retenue sont leurs premières grâces.

Il n'est pas convenable de parler souvent de soi ou de ses affaires dans la conversation. Croyant se rendre intéressant, se donner de l'importance, on ne fait bien souvent que se livrer au ridicule.

Parler peu de soi, s'interdire les termes bas et grossiers, ne se servir que d'expressions claires, usitées, exactes, et propres au sujet que l'on traite, ne jamais parler au désavantage de son prochain, ne prendre la parole que sur ce qu'on connaît, se taire sur ce qu'on ignore, s'abstenir généralement de toute raillerie : voilà en peu de mots les règles que prescrit la CIVILITÉ au sujet de la conversation et qu'il importe d'observer scrupuleusement.

CHAPITRE XII.

RÈGLES DIVERSES.

Quand nous prions une personne d'être l'interprète de nos sentimens auprès d'une autre, il faut employer des formules convenables à l'âge, au sexe, au rang des personnes. Un homme doit toujours à une femme l'assurance de son respect.

On doit éviter de dire le prix de ce qu'on donne en cadeau, de le faire valoir, d'en reparler, dans la crainte de se donner un air d'importance ou de reproche. Il en doit être ainsi de toute espèce de bienfaits.

Si une personne laisse tomber son mouchoir ou autre chose, il est de la politesse de le relever avec empressement et de le lui remettre aussitôt.

Quand on éternue en compagnie, il faut se détourner de manière à n'incommoder personne, et tâcher d'éternuer dans son mouchoir.

On doit saluer la personne qui éternue.

Si l'on ne peut s'empêcher de bâiller,

il faut se cacher la bouche avec son mouchoir.

Lorsqu'on présente ou que l'on reçoit quelque chose dans une réunion, on doit s'incliner légèrement. Il ne faut rien donner ni accepter en allongeant le bras devant quelqu'un, sans qu'il y ait nécessité et sans en demander pardon. Si la personne avec qui l'on veut communiquer est trop éloignée, il convient de prier celle qui en est le plus près de faire passer la chose que l'on envoie. Le mieux est de se lever et de passer derrière la compagnie, à moins qu'on ne soit à table.

Quand on reçoit de l'argent de quelqu'un, il est inconvenant de le compter sur-le-champ, à moins que ce ne soit pour affaires. C'est à la personne qui remet l'argent à exiger de celle qui le reçoit qu'elle le compte.

Les enfans ne doivent jamais ni prendre du tabac ni fumer.

L'enfance doit toujours éviter avec grand soin de se créer des habitudes assujettissantes, ou du moins les personnes chargées de son éducation doivent y veiller pour elle.

APPENDICE.

DE LA CORRESPONDANCE ÉPISTOLAIRE.

On entend par correspondance épistolaire les lettres que nous écrivons ou que nous recevons.

Ces lettres doivent être conçues en termes plus polis, s'il est possible, qu'une simple conversation; parce que, en écrivant, on peut plus aisément peser ses expressions qu'en parlant.

On doit répondre à toutes les lettres que l'on reçoit.

Plus on met d'empressement à répondre à une lettre, plus on montre de politesse.

Des enfans, grands comme petits, doivent surtout écrire à leurs parens et grands parens, aux époques du jour de l'an et de leur fête. Il est bien de le faire entre amis aux mêmes époques, ainsi que dans les cas d'éloignement prolongé, de félicitations à adresser, de consolations à donner, etc.

Il faut toujours écrire ses lettres sur une feuille entière de papier. Le format moyen est celui qui convient généralement. Le plus petit papier à lettres ne doit servir que dans la familiarité.

La date se place en tête dans les lettres d'affaires; au bas et près de la signature dans les lettres qu'on adresse à ses supérieurs.

Les marges, l'espace en blanc entre le mot *Monsieur*, ou *Madame*, ou *Mademoiselle* se proportionnent à la qualité des personnes, au respect qu'on leur doit. Il est de la politesse de répéter souvent dans le corps de la lettre le mot *Monsieur* ou *Madame*, etc., quand la phrase s'adresse directement à la personne à qui l'on écrit. Si cette personne a un titre, il faut le lui donner chaque fois qu'on a occasion de mettre *Monsieur, Madame* ou *Mademoiselle*.

Pour terminer la lettre avant de la signer, il y a un grand nombre de formules qui varient suivant les personnes.

Il faut employer celles qui expriment le plus profond respect.

Quant aux formules que peut dicter l'affection, on les trouve aisément dans son cœur.

Il ne faut jamais négliger, sous quelque prétexte que ce soit, la formule ordinaire : *Votre très-humble et très-obéissant serviteur.*

Il est convenable d'éviter, autant que possible, d'avoir besoin d'un *post-scriptum*.

La manière la plus honnête de plier une lettre est de la mettre sous enveloppe et de la cacheter avec de la cire destinée à cet usage. On doit toujours l'employer pour des personnes de distinction.

Les personnes en deuil doivent cacheter leurs lettres avec de la cire noire, ou du pain à cacheter de la même couleur.

On ne doit jamais affranchir les lettres, excepté, quand on y traite uniquement de ses affaires, ou quand on écrit à des inférieurs peu favorisés de la fortune.

ENTERREMENS ET DEUIL EXTÉRIEUR.

La Civilité oblige d'assister à un enterrement pour lequel on a reçu un billet d'invitation. Il n'y a qu'une affaire très-importante qui puisse en dispenser un homme.

Il faut se rendre à l'heure indiquée au domicile du défunt; et de là suivre le char funèbre jusqu'à l'église, à pied, la tête découverte, dans un recueillement pieux.

On peut se dispenser d'accompagner le corbillard jusqu'au cimetière, surtout si quelque affaire ou quelque devoir en empêche, à moins que le défunt ne soit un parent, un ami, un bienfaiteur ou un supérieur immédiat.

Quand on rencontre un convoi funèbre ou un cercueil exposé, on doit se découvrir avec respect, comme pour donner un dernier signe d'adieu à celui de nos semblables qui est dans le cercueil, et pour montrer en même temps que l'on compatit à l'affliction des parens et amis du défunt.

Le deuil extérieur est d'obligation rigoureuse quand on perd quelque parent.

Plus le parent nous touche de près, plus nous devons cette marque d'affliction à sa mémoire.

La durée du deuil est réglée par l'usage, et proportionnée au degré de parenté.

Quand on est en grand deuil, il serait d'une grande inconvenance de se mêler à des parties de plaisir.

CONCLUSION.

—

L'accomplissement des devoirs que la Civilité nous impose est profitable à l'intérêt général, en même temps qu'il l'est à chacun de nous.

La Civilité nous enseigne à faire en sorte que les autres soient toujours plus contens de nous et d'eux-mêmes.

Elle communique aux hommes des manières plus humaines, plus sociales.

Elle nous porte à avoir de la bonté dans les sentimens, de la sincérité, de la douceur, de la modestie dans les formes.

C'est la bonté, c'est la délicatesse dans les procédés, qui gagnent les cœurs.

Cultivons donc de bonne heure ces heureuses qualités.

Accoutumons-nous surtout à ne regarder comme vraiment utile que ce qui est honnête, à subordonner notre intérêt personnel à celui des autres.

Soyons toujours disposés à rendre à chacun ce que nous lui devons d'égards; montrons-nous empressés à le faire dans les formes que la CIVILITÉ consacre.

Par là, nous rendrons notre vie plus heureuse et meilleure.

Nous mériterons l'estime et l'affection de nos semblables, et nous deviendrons plus agréables à Dieu, qui nous ordonne de nous traiter les uns les autres comme les enfans d'un même père, comme ne composant tous ensemble qu'une seule et même famille.

FIN.

TABLE

DES MATIÈRES.

—

PREMIÈRE PARTIE.
PRINCIPES DE LA CIVILITÉ.

SECONDE PARTIE.
BIENSÉANCES ET USAGES REÇUS.

FIN DE LA TABLE.